NÉFERTITI

La reine d'Égypte
et le culte monothéiste dédié à Aton

Par Mylène Théliol

50MINUTES.fr

NÉFERTITI

INTRODUCTION

Néfertiti est, avec Cléopâtre, l'une des reines de l'Égypte antique les plus connues au monde pour leur beauté. Celle de Néfertiti, qui est également l'une des dernières reines de la XVIIIe dynastie, est attestée par un buste en calcaire découvert en 1912 à Tell el-Amarna (l'antique Akhetaton, la capitale égyptienne construite sous le règne d'Akhenaton) par une équipe d'archéologues allemands dirigée par Ludwig Borchardt (1863-1938). La statue, actuellement conservée au Neues Museum de Berlin, nous montre un visage délicat et symétrique aux pommettes hautes, au nez fin et aux lèvres rose foncé. Cette physio-nomie, la plus célèbre au monde après celle de la Joconde, est devenue l'archétype même de la beauté féminine.

Mais si les traits physiques de Néfertiti nous sont connus, ce n'est pas le cas des événements qui ont jalonné sa vie. Les sources graphiques (tablettes d'argile écrites) et iconographiques (peintures et gravures sur pierre découvertes dans les temples et les tombes) ne nous permettent de retracer que partiellement la période à laquelle Néfertiti vécut et de n'émettre que des hypothèses quant à sa place dans le nouveau culte religieux dédié à Aton. La vie même de cette reine égyptienne est auréolée de mystère. De nombreux pans de son existence, notamment son ascendance, son enfance et sa mort, restent encore dans l'ombre.

DONNÉES CLÉS

- **Naissance ?** Vers 1370 av. J.-C. à Thèbes, en Égypte.
- **Mort ?** Vers 1338-1333 av. J.-C. en Égypte.
- **Carrière ?** Grande épouse royale du pharaon Amenhotep IV ou Aménophis IV (forme hellénisée), devenu par la suite Akhenaton (vers 1372-1337/1336 av. J.-C.).
- **Apports majeurs ?** Elle soutient Akhenaton lors de l'instauration du culte monothéiste du dieu Aton.

LA VIE DE LA REINE NÉFERTITI

UNE PARENTÉ ÉNIGMATIQUE

Néfertiti, dont le nom signifie « la belle est venue », naît à Thèbes, dans une famille de hauts dignitaires égyptiens, vers 1370 av. J-C. Elle est probablement la fille d'Aÿ, chef de la charrerie royale (autrement dit, général des armées), prophète d'Amon, scribe véritable sous le règne d'Amenhotep III (vers 1403-1353/1352 av. J.-C.) et frère de la reine Tiyi (vers 1398/1399-1358 av. J.-C.), la grande épouse royale d'Amenhotep III. Sa mère, dont le nom nous est inconnu, serait décédée juste après sa naissance. Néfertiti est alors prise en charge par Tiy, la seconde épouse d'Aÿ avec qui il aura deux autres enfants, Nakhtmin et Moutnedjemet. Nous ne savons rien de la petite enfance de Néfertiti mais, dans la mesure où elle appartient à l'élite de la société, la fillette apprend probablement à lire et à écrire avec un tuteur.

LA GRANDE ÉPOUSE ROYALE

Aucune source écrite ou iconographique n'atteste de la date à laquelle Néfertiti épouse le second fils d'Amenhotep III et de Tiyi, le futur Amenhotep IV. Ce dernier accède au trône vers 1352 av. J-C., après la mort de son père, et Néfertiti devient alors la grande épouse royale. Elle n'est cependant pas la seule femme du pharaon et celui-ci lui préfère Kiya, sa seconde épouse. Toutefois, en tant que grande épouse royale, Néfertiti est la seule à pouvoir concevoir le futur héritier au trône. Celui-ci ne viendra malheureusement jamais.

Statue en calcaire peint représentant Néfertiti
et Amenhotep IV.

Durant les années de vie commune avec son époux, la reine met au monde six filles : Mérytaton (vers 1350-1332 av. J.-C.), Mâkhétaton (vers 1349-1339 av. J.-C.), Ânkhésenpaaton (née vers 1346 av. J.-C.), Néfernéferouaton Tasherit (vers 1344-1338 av. J.-C.), Néfernéferourê Tasherit (vers 1341-1338 av. J.-C.) et Sétepenrê (vers 1341-1338 av. J.-C.). Les trois premières voient le jour à Thèbes tandis que les dernières naissent dans la nouvelle capitale, Akhetaton. Elles figurent aux côtés de leurs parents dans bon nombre de représentations familiales, qui remplacent progressivement les scènes religieuses traditionnelles – montrant des dieux et déesses – dans les temples et les tombes des aristocrates. De par sa fonction de reine et en raison de son rôle dans le nouveau culte d'Aton, Néfertiti n'a pas le temps de s'occuper de sa progéniture. Les six filles sont donc placées sous la responsabilité de nourrices et de précepteurs.

LA PLACE DE LA REINE DANS LE CULTE D'ATON

L'activité officielle de Néfertiti consiste à seconder le pharaon dans les manifestations religieuses et dans la pratique du culte d'Amon, le dieu solaire et guerrier tutélaire et protecteur de la XVIIIe dynastie, puis du culte d'Aton, représenté sous la forme d'un disque solaire incarnant le dieu créateur universel.

Avec l'instauration de ce nouveau culte lors de la quatrième année de règne d'Amenhotep IV, les noms des souverains changent : le pharaon devient Akhenaton, et Néfertiti Néfernéferouaton-Néfertiti. La reine s'engage alors avec son mari dans une profonde réforme religieuse et, jusqu'à sa mort, participe à ses côtés à toutes les cérémonies officielles en l'honneur d'Aton. Le couple royal est d'ailleurs souvent représenté sur des stèles ou des peintures placées dans des tombes aristocratiques en train d'honorer le nouveau dieu, stylisé sous la forme d'un disque solaire ailé. Contrairement à la tradition égyptienne, les corps des souverains ne sont pas sublimés. Leurs formes sont toutefois accentuées. Ainsi, les torses s'étirent démesurément à partir du nombril ; les estomacs deviennent plus proéminents et les seins plus volumineux ; les jambes sont plus trapues ; les doigts s'allongent, permettant au couple royal de réaliser des gestes gracieux ; les poses, enfin, sont plus alanguies. Dans les portraits de Néfertiti, celle-ci conserve sa taille fine, mais son abdomen est arrondi, ses hanches sont larges, et ses fesses sont charnues. Dans la mesure où elle incarne l'élément féminin de la triade divine qu'elle forme avec Aton et Akhenaton, ces représentations ont pour objectif de mettre en avant sa fécondité.

| Akhenaton et sa famille accomplissant une offrande à Aton.

LA DISPARITION DE NÉFERTITI

Entre la douzième et la treizième année de règne d'Akhenaton, les trois filles cadettes du couple royal décèdent, succombant peut-être à la peste qui ravage l'Égypte après avoir sévi dans ses États vassaux au Proche-Orient. L'année suivante, leur deuxième fille, Mâkhétaton, meurt à son tour, ainsi que la mère du pharaon, Tiyi, un événement qui touche beaucoup la famille royale. Des six filles d'Akhenaton et de Néfertiti, ne survivent donc qu'Ânkhésenpaaton et Mérytaton. Cette dernière acquiert le titre de grande épouse royale aux côtés de son père, et supplante rapidement sa mère en tant qu'incarnation de la jeunesse et de la fécondité dans le culte d'Aton.

C'est à cette période que Néfertiti disparaît de la scène publique. À partir de ce moment, nous ignorons ce qu'elle devient, mais plusieurs hypothèses ont été avancées. Certains pensent qu'elle se serait séparée de son mari, éventuelle-ment pour des raisons religieuses ; d'autres que la maladie l'aurait, elle aussi, emportée. Enfin, il est également envisageable qu'elle ait changé de nom et que la tradition – dès lors qu'elle occupait une place moins importante – l'ait assimilée à l'une des autres épouses du pharaon.

CONTEXTE

LE RÈGNE D'AMENHOTEP III

Amenhotep III accède au trône d'Égypte vers 1391 av. J.-C., succédant à son père Thoutmosis IV (vers 1425-1390 av. J.-C.). Il hérite d'un empire dont le territoire s'étend de la Nubie à la Syrie septentrionale. Encore trop jeune pour assumer le rôle de pharaon, sa mère, Moutemouia, assure la régence jusqu'à sa majorité. Le règne d'Amenhotep III dure 30 ans durant lesquels l'Égypte, exemptée de guerre, connaît une période faste. Grâce à la fertilisation des terres par les limons du Nil, les récoltes foisonnent et les ressources naturelles, notamment minières, sont également abondantes. Par ailleurs, la boue du fleuve fournit un matériau bon marché pour la construction des habitations traditionnelles, tandis que le calcaire et le grès sont réservés à l'édification des temples, des tombes et autres monuments durables. Enfin, les tributs des États vassaux viennent encore accroître la richesse de l'Égypte, ouverte au commerce extérieur.

Profitant de la paix et de l'abondance des ressources, Amenhotep III et ses ministres se constituent une administration et une armée de métier, et se consacrent aux affaires intérieures et à l'embellissement du pays. Le souverain lance un vaste programme des travaux destinés à commémorer les dieux ainsi que sa propre personne divinisée. De nombreux temples sont bâtis à Héliopolis (temple d'Horus, dieu protecteur des pharaons), à Saqqarah (temple d'Apis, dieu associé à Rê, le soleil), à Hermopolis (temple de Thot, dieu de l'écriture, de la science et de la sagesse), à Éléphantine (temple de Khoum, dieu contrôlant les crues du Nil), à Memphis (temple de Ptah, dieu des artisans et des architectes, et d'Amenhotep) et à Thèbes, où le pharaon agrandit le complexe de Karnak, demeure du dieu Amon (dieu tutélaire de la XVIIIe dynastie égyptienne) et de sa famille. Des travaux sont également réalisés à Thèbes dans les sanctuaires de Mout (la femme d'Amon) et de Montou (dieu solaire protecteur des armes et de la guerre). Enfin, à l'ouest de la ville, un luxueux temple funéraire est construit, d'abord pour vénérer le dieu Amon puis, à la mort du pharaon, pour rendre un culte au défunt roi.

LES DYNASTIES ÉGYPTIENNES

On divise habituellement l'histoire de l'Égypte ancienne en différentes dynasties. Cette façon de procéder remonte à Manéthon, un prêtre égyptien contemporain du pharaon Ptolémée II Philadelphe (308/309-246 av. J.-C.). Celui-ci a composé, d'après les archives des temples, une histoire de l'Égypte qui distingue 9 périodes et 31 dynasties :

- la période thinite qui comprend les dynasties I et II (vers 3200-2635 av. J.-C.) ;
- l'Ancien Empire avec les dynasties III, IV, V, VI, VII et VIII (vers 2635-2220 av. J.-C.) ;
- la Première Période intermédiaire et les dynasties IX et X (vers 2154-2160 av. J.-C.) ;
- le Moyen Empire et les dynasties XI, XII et XIII (vers 2134-1650 av. J.-C.) ;
- la Deuxième Période intermédiaire avec les dynasties XIV, XV, XVI et XVII (vers 1650-1550 av. J.-C.) ;
- le Nouvel Empire et les dynasties XVIII, XIX et XX (1550-1070 av. J.-C.) ;
- la Troisième Période intermédiaire avec les dynasties XXI, XXII, XXIII et XXIV (1070-712 av. J.-C.) ;

- la Basse Époque et les dynasties XXV, XXVI, XXVII, XXVIII, XXIX et XXX (712-332 av. J.-C.) ;
- la dynastie des Ptolémée (332-30 av. J.-C.).

DU CULTE D'AMON AU CULTE D'ATON

Si le culte d'Amon se développe considérablement durant cette période, c'est parce qu'il a permis au guerrier thébain Ahmosis (mort en 1525/1524 av. J.-C.) de réunifier l'Égypte après une période d'agitation sociale et la domination étrangère des Hyksôs, un groupe pluriethnique vivant dans l'Ouest de l'Asie, lors de la deuxième période intermédiaire.

Ahmosis devient ainsi le fondateur de la XVIIIe dynastie et le premier pharaon du Nouvel Empire sous le nom d'Ahmôsis Ier. C'est à lui que l'on doit le développement du culte d'Amon. Cette divinité relativement insignifiante jusque-là, uniquement adorée à Thèbes et dans sa région, devient avec les successeurs d'Ahmôsis le premier dieu d'Égypte. Représenté sous les traits d'un homme vêtu d'un pagne et coiffé de deux grandes plumes, Amon est considéré comme le roi des dieux et le père des pharaons successifs. Sous la forme d'Amon-Rê, il est associé à Rê, le Soleil, et à Min, le dieu de la Fertilité.

| Dessin représentant Amon.

Son sanctuaire de Karnak domine Thèbes. La prospérité de la XVIIIe dynastie permet aux différents souverains d'embellir le site, au point que le complexe se transforme peu à peu en une entité économique semi-indépendante administrée par le clergé d'Amon. Ce dernier, profitant des offrandes généreuses des pharaons et des larges revenus de ses nombreuses propriétés, en tire d'importants bénéfices et devient une puissance à part entière dans le royaume. Même si les relations entre les rois et les prêtres d'Amon sont relativement harmonieuses, les pharaons de la fin de la XVIIIe dynastie se sentent de plus en plus menacés par la puissance croissante du dieu thébain. Amenhotep II, Thoutmosis IV et Amenhotep III tentent de garder le contrôle du culte en nommant des proches originaires du nord du pays – la plupart des biens du dieu étant dans le sud – à la fonction de grand prêtre d'Amon. Par ailleurs, Amenhotep III, même s'il reste fidèle à Amon, se tourne vers d'autres dieux, notamment vers l'obscur Aton. Connu depuis le Moyen Empire comme la manifestation physique de Rê, celui-ci est également considéré comme un symbole de divinité étroitement associé au souverain. Si Amenhotep III met le culte d'Aton à l'honneur, c'est donc dans le but de développer celui de sa propre personne divinisée, et ainsi de se hisser au statut semi-divin des pharaons de l'Ancien Empire.

LE RÈGNE D'AMENHOTEP IV

Lorsqu'Amenhotep IV accède au trône vers 1352 av. J.-C., il poursuit la politique de grands travaux entamée par ses prédécesseurs. Il construit ainsi son propre dispositif funéraire sur la rive gauche de Thèbes, fait ériger une cité fortifiée sur le site de Sésébi, en Haute-Nubie (l'actuel Soudan), et, surtout, bâtit un temple du Benben (une pierre dressée qui symbolise la butte primordiale qui émergea de Noun, l'océan primordial, et sur lequel le soleil apparut pour la première fois) qui a pour but d'encadrer un obélisque honorant Rê-Horakhty (une manifestation du dieu du soleil) au sein même de l'enceinte sacrée d'Amon-Rê à Karnak. Dès sa première année de règne, Amenhotep IV amorce donc déjà le changement de culte en faveur du disque solaire, annonçant ainsi la fin de la suprématie du culte d'Amon. Il faut toutefois attendre cinq ans pour que le pharaon décide ouvertement l'avènement de la nouvelle religion.

En matière de politique extérieure, la paix n'est plus qu'un souvenir et le climat est particulièrement chaotique. La fin du règne d'Amenhotep III est en effet marquée par la puissance grandissante du royaume hittite (en actuelle Turquie) qui attaque les princes du royaume du Mitanni (au nord-est de la Syrie actuelle), pourtant sous la protection égyptienne. Malgré leurs appels répétés, Amenhotep III n'intervient pas pour les secourir. À sa mort, Akhenaton poursuit la même stratégie, laissant les États orientaux se combattre, tout en maintenant les prérogatives égyptiennes au Levant. S'il ne cherche pas à contrer l'annexion du royaume du Mitanni par les Hittites, le pharaon s'appuie cependant sur un nouveau royaume, l'Amourrou (situé au nord de la Syrie), gouverné par le roi Azirou (vers 1344-1315 av. J.-C.), afin de stopper l'expansion hittite. L'Amourrou devient donc un État tampon permettant à l'Égypte de garder le contrôle de ses territoires en Palestine. Mais cela n'empêche guère les Hittites d'envahir l'ouest de la vallée de l'Euphrate, et de comploter avec le prince de Kadesh (ville syrienne) pour conquérir les territoires égyptiens asiatiques. L'apprenant, Akhenaton envoie une expédition punitive contre le seigneur de Kadesh, mais cette attaque se solde par une défaite des armées égyptiennes. Les Hittites parviennent ainsi à envahir la Syrie et la Palestine actuelles. À la mort d'Akhenaton, l'Égypte, directement menacée par les Hittites, se trouve dans une situation délicate.

TEMPS FORTS

LE CULTE D'ATON

Les temps forts de la vie de Néfertiti coïncident avec la réforme de la religion que son époux engage et dans laquelle elle joue un rôle déterminant. Lorsqu'Amenhotep IV accède au trône, il continue de manifester de l'intérêt pour Amon, mais, parallèlement, il accentue la dévotion à Aton, tout d'abord en renforçant le clergé du dieu créé par son père. Son adoration pour cette nouvelle divinité est si grande qu'il décide, à l'issue des cinq premières années de son règne, de faire disparaître la majeure partie du panthéon classique, réduisant sa multitude de divinités à Aton. Amon subit alors une violente persécution – ses images sont effacées ou martelées – dont l'intensité s'amplifie encore à la fin du règne d'Akhenaton, particulièrement à Karnak. Le dieu tutélaire de la XVIIIe dynastie disparaît purement et simplement des représentations au profit d'Aton.

Ce dernier prend l'aspect d'un disque solaire ailé et orné d'un uraeus, un cobra femelle qui protège le pharaon et l'œil de Rê. À l'extrémité de ses longs rayons, de minuscules mains peuvent tenir l'ankh, le hiéroglyphe égyptien symbolisant la vie. Aton est invariablement figuré au-dessus de la famille royale en position d'observateur, et non de participant, afin de permettre au roi de devenir l'élément central des scènes religieuses. Akhenaton suit ainsi l'exemple de son père : il se sert du dieu pour souligner sa propre nature divine, en se présentant comme la manifestation humaine et terrestre du dieu solaire. Ce faisant, il occupe une position intermédiaire entre Aton et son peuple : lui seul peut déceler et transmettre la volonté du dieu. Le culte est donc désormais rendu uniquement par les souverains, et les prêtres ne jouent plus qu'un rôle d'administrateurs en gérant matériellement le domaine d'Aton. Autrement dit, ces derniers ne se prosternent plus devant les dieux, mais devant le couple royal.

Aton est un dieu créateur qui réunit en lui des éléments masculins et féminins, et qui est à la fois asexué et bisexué. Il ne possède pas de représentation anthropomorphique et, en tant que créateur unique, il ne peut avoir ni épouse ni enfant. En raison de cette singularité, il ne peut symboliser l'institution familiale contrairement aux autres dieux traditionnels. Pour apporter l'aspect féminin qui manque à Aton, Akhenaton place sa femme juste en face de lui, au premier plan des scènes religieuses, faisant de cette dernière le pendant à l'aspect masculin figuré par le pharaon lui-même. Ainsi, la triade traditionnelle formée par le créateur Atoum, son fils Chou (l'air) et son épouse Tefnout (l'eau), est remplacée par celle semi-divine composée d'Aton, d'Akhenaton et de Néfertiti. La grande épouse royale prend alors une importance considérable dans la nouvelle religion.

LA NOUVELLE VILLE D'AKHETATON

En 1359 av. J.-C., ce bouleversement religieux a pour conséquence l'érection d'une nouvelle capitale dédiée au culte du dieu unique Aton : Akhetaton. La cité s'étend sur un espace vierge de près de neuf kilomètres, en face d'Hermopolis Magna, entre Thèbes et Memphis. Elle concentre les institutions du pouvoir royal, la cour, l'administration et les temples dédiés à Aton, construits à ciel ouvert afin que les rayons bienfaisants du dieu puissent y pénétrer. La cité est bâtie en peu de temps, avec des briques crues et des talatates, des blocs de terre cuite de 52 cm sur 26 cm décorés pour la plupart de scènes de la vie des souverains. Quatre ans après sa fondation, la ville est déjà habitée par une population estimée à 20 000 personnes au minimum. Des stèles-frontières délimitent son territoire. Sur l'une d'elles, le roi proclame qu'Aton lui-même a choisi cet emplacement parce qu'il était vierge de la présence de toute autre divinité.

Les fouilles archéologiques ont en outre révélé l'existence de quatre palais, étagés du nord au sud le long du Nil. Le palais nord des berges du fleuve, entouré d'un mur d'enceinte, fortifié et isolé de la ville proprement dite, semble avoir été la résidence royale. Plus au sud se trouvait un deuxième palais, construit vraisemblablement pour Kiya, la seconde épouse d'Akhenaton, appelée aussi la grande épouse aimée du roi. Au centre de la ville se dressait le grand palais ou palais officiel, pourvu de nombreuses dépendances administratives, de cours cérémonielles et du pavillon royal comprenant une salle d'audience. L'entrée au grand palais se faisait au nord et à l'ouest par deux axes de circulation qui se croisaient et desservaient les différents quartiers. Le portail nord donnait sur un vaste parvis qui précédait le grand temple d'Aton, tandis que l'accès ouest débouchait probablement sur le Nil et un port royal.

Une grande avenue, reliant le grand palais aux deux palais septentrionaux, sans doute la voie processionnelle d'Akhenaton, divisait le palais officiel en deux zones distinctes : l'une, à l'ouest, bordant le Nil, davantage administrative et cérémonielle, possédait une gigantesque salle du trône et une grande cour pourvue d'un kiosque monumental bordée de statues colossales du souverain ; l'autre, à l'est, plus intime, comportait les appartements royaux, ses jardins et ses dépendances. L'avenue était enjambée par un pont couvert reliant les deux parties du grand palais et dans lequel était aménagée une fenêtre des apparitions, depuis laquelle le roi couvrait d'or ses fidèles sujets. De part et d'autre du palais officiel se trouvait le grand temple, la demeure d'Aton, et le petit temple, consacré lui aussi au dieu soleil.

À la périphérie sud de la ville, se trouvait le Marou-Aton, un lieu de plaisance et de recueillement.

LA VÉNÉRATION DE LA FAMILLE ROYALE

Dans l'art religieux des temples, les portraits d'Akhenaton et de Néfertiti présentant des offrandes à Aton se substituent désormais aux représentations des dieux traditionnels. Même dans les tombes des hauts dignitaires d'Akhetaton, la décoration conventionnelle des défunts est remplacée par la figuration de la famille régnante en adoration devant Aton, en visite au temple ou encore vaquant à ses occupations quotidiennes. Cela s'explique par le fait que les propriétaires des tombes, n'ayant aucun contact direct avec Aton, doivent prier par l'intermédiaire des souverains. Ainsi, au nord de la ville, dans la sépulture de Panehesy, un dignitaire religieux, on peut y lire des prières dédiées au roi et à la reine :

> « Akhenaton : Qu'il accorde la réception de pains, présentés à chaque fête d'Aton vivant dans la Demeure du Benben. Néfertiti : Qu'elle accorde l'entrée de la faveur et la sortie de l'amour, et un rappel heureux

On trouve aussi, dans les résidences des principaux courtisans, des stèles tenant lieu d'autels domestiques décorées avec des scènes figurant la maison royale dans son intimité. Les souverains et leurs enfants sont, par exemple, représentés en train de se détendre dans le pavillon royal, sous la protection des rayons d'Aton. Sur l'ensemble des images, Akhenaton et Néfertiti se témoignent une affection évidente. Les gravures sont accompagnées d'inscriptions qui soulignent la loyauté du sujet envers le roi.

Enfin, mentionnons encore les peintures rupestres de la tombe de Meyrê II, surintendant du harem royal et intendant de Néfertiti, qui nous montrent la famille royale au complet participant aux grandes festivités qui se sont déroulées durant la douzième année du règne d'Akhenaton. Le roi se présente devant une assemblée d'ambassadeurs et de vassaux venus de Nubie, de Lybie, des îles méditerranéennes et des États du Proche-Orient. La fête atteint son apogée lors de la remise des riches tributs au pharaon, une cérémonie qui a pour but de célébrer le statut de chef d'un vaste empire.

LE POUVOIR DE NÉFERTITI

De par sa présence dans la triade qu'elle forme avec Akhenaton, semi-divin, et Aton, il se peut que Néfertiti ait elle aussi acquis une part de divinité.

Grâce aux 45 000 talatates qui ont été retrouvées dans les pylônes construits à Karnak par le pharaon Horemheb (mort en 1292 av. J.-C.), Néfertiti nous apparaît sous un nouveau jour. L'étude de ces talatates a en effet permis de reconstituer des portes monumentales représentant la reine rendant hommage seule à Aton, symbolisé par un disque d'où sortent des rayons terminées par des mains. L'une d'elles tient un ankh et l'offre au nez de Néfertiti qui tient quant à elle deux sistres (instruments de musique pour les rites religieux) au-dessus d'une table d'offrandes. Cela signifie-t-il que Néfertiti possède le même pouvoir que son époux, qu'elle représente, elle aussi, une intermédiaire entre son peuple et le dieu unique ?

Sur l'ensemble des talatates récupérées, la reine est représentée deux fois plus que le pharaon. En outre, sur un petit bloc provenant d'Hermopolis et conservé au Museum of Fine Arts de Boston, elle est figurée sur une barque d'État (barque utilisée dans les rites royaux) et est couronnée. À l'aide d'une massue, elle frappe un adversaire qu'elle empoigne par les cheveux avant de l'abattre. Or, ce type de scène est d'ordinaire strictement réservé au roi, une femme n'ayant pas sa place à la guerre. Peut-on, dès lors, considérer Néfertiti comme une pharaonne ? Rien n'est certain. La reine représente plus vraisemblablement le roi mâle et femelle soumettant les forces chaotiques et obscures de l'Égypte, qui prend ici le visage d'un ennemi anthropomorphe. Une autre figuration du même type a été retrouvée sur une talatate de Karnak, mais cette fois, Néfertiti frappe de sa massue des prisonnières agenouillées devant elle. Là encore, il s'agit davantage d'un symbole du combat de la lumière contre l'obscurité, plutôt que d'une représentation de Néfertiti en pharaonne guerrière.

Quoi qu'il en soit, à la lumière de ces représentations, il est possible de considérer Néfertiti, sinon comme une reine-pharaon, du moins comme l'incarnation du pouvoir du pharaon, qu'elle représente lors des rites religieux.

RÉPERCUSSION

LA FIN D'AKHENATON ET DU CULTE D'ATON

Lorsque Néfertiti disparaît, Akhenaton se trouve déjà à la fin de sa vie. Sur le plan militaire, il ne mène aucune action pour rétablir l'autorité égyptienne sur les États vassaux en difficulté face à la puissance hittite, et, lorsqu'il s'éteint vers 1337 av. J.-C., les anciennes possessions égyptiennes en Asie sont aux mains des Hittites qui menacent d'envahir le royaume des Deux Terres.

À Akhenaton succèdent son gendre Smenkhkarê, qui ne règne qu'un an à peine, et sa fille Mérytaton, dont le règne ne dure que trois ans. Toutankhaton (vers 1345-1327 av. J.-C.), le fils d'Akhenaton et d'une concubine, accède au trône d'Égypte en 1333/1332 av. J.-C., mais il est trop jeune pour gouverner. Aÿ, le père de Néfertiti, et Horemheb, le général des armées durant le règne d'Akhenaton, exercent alors le pouvoir. Bien que la cour royale réside encore à Akhetaton, l'administration royale a, depuis la mort d'Akhenaton, rejoint l'ancienne capitale du pays, Thèbes. Pour asseoir le pouvoir du jeune roi, ses conseillers le poussent à épouser l'une des filles d'Akhenaton, Ankhésenpaaton. Le pharaon et son épouse retournent par ailleurs à Thèbes, tandis qu'Akhenaton est délaissée pour toujours.

De retour dans l'ancien palais thébain, le jeune pharaon renoue avec le culte d'Amon et prend alors le nom de Toutankhamon. Cependant, de santé fragile, il meurt au bout de dix ans de règne suite à une crise aiguë de paludisme. Ses successeurs, Aÿ, mais surtout Horemheb, mettent tout en œuvre pour effacer des mémoires les traces du culte d'Aton, tombé depuis lors en désuétude, mais également celles d'Akhenaton et de Néfertiti, considérés comme hérétiques.

NÉFERTITI, UNE REINE DE LÉGENDE

Avec la destruction des œuvres sculptées et peintes de l'époque d'Akhenaton par Horemheb et les souverains des XIXe et XXe dynasties, la reine Néfertiti disparaît de la mémoire des Égyptiens. Il faut attendre les fouilles archéologiques du site de Tell el-Amarna, l'ancienne Akhetaton, au début du XXe siècle, pour redécouvrir les traces de son existence. En 1912, une équipe d'archéologues appartenant à la société orientale allemande et dirigée par Ludwig Borchardt découvre le buste de Néfertiti, révélant au monde entier le nom et l'aspect physique de la reine. Cependant, à l'heure actuelle, sa momie, absente du tombeau qu'avait fait creuser Akhenaton pour lui-même, n'a pas encore été retrouvée. La reine égyptienne de la XVIIIe dynastie n'a donc pas encore livré tous ses secrets.

Mais, bien qu'elle reste un mystère pour les historiens et les archéologues, elle constitue une grande source d'inspiration pour de nombreux écrivains qui imaginent sa vie à travers des romans plus ou moins réalistes. Ainsi, l'écrivain passionné d'archéologie Guy Rachet (né en 1930) et l'égyptologue et écrivaine française Violaine Vanoyeke (née en 1956) nous livrent chacun une histoire romancée, mais non moins basée sur des faits historiques véridiques, de la vie d'Akhenaton et de Néfertiti, respectivement dans *Néfertiti* (1994) et *Néfertiti et Akhénaton* (2003). Dans la même veine, on peut également citer les œuvres anglo-saxonnes de Nick Drake (né en 1961), *Nefertiti, the Book of the Dead* (2011), celles de Brenda Lange (née en 1965), *Néfertiti* (2009), ou encore de Mary Chubb, *Nefertiti, Lived Here* (1998). Quant au journaliste et romancier français Gérald Messadié (né en 1931), c'est toute une époque qu'il retrace à travers sa série *Orage sur le Nil* (2004), qui prend pour cadre les dernières heures de la XVIIIe dynastie.

EN RÉSUMÉ

- Néfertiti naît vers 1370 av. J.-C. à Thèbes, en Égypte. Son père, Aÿ, est le frère de Tiyi, la grande épouse royale du pharaon Amenhotep III.
- Quelques années avant l'accession au trône d'Amenhotep IV, vers 1352 av. J.-C., Néfertiti épouse le futur pharaon et devient ensuite la grande épouse royale. Le couple engendre six filles mais aucun garçon.
- À partir de la cinquième année du règne d'Amenhotep III, Amon, le dieu tutélaire de la XVIIIe dynastie, est destitué de sa place de première divinité d'Égypte au profit d'un dieu solaire unique, Aton. Le pharaon prend alors le nom d'Akhenaton et la capitale, Thèbes, est délaissée pour une nouvelle ville entièrement dédiée au dieu, Akhetaton.
- Durant plus de dix ans, Néfertiti et Akhenaton s'engagent dans une profonde réforme religieuse. En tant qu'intercesseurs des prières des Égyptiens auprès d'Aton, ils sont vénérés dans tout le royaume. Akhenaton acquiert un

statut semi-divin et il semble en être de même pour Néfertiti.

- Le couple apparaît sur de nombreuses représentations dans les temples et les tombes. Alors qu'auparavant il était de coutume de sublimer leur image, cela ne semble pas être le cas ici. La forme de certaines parties du corps a toutefois été accentuée afin de souligner la puissance du dieu Aton.

- Entre la douzième et la treizième année du règne d'Akhenaton, les trois filles cadettes du couple royal meurent subitement, peut-être à cause de l'épidémie de peste qui ravage l'Égypte après avoir sévi au Proche-Orient. D'autres membres de la famille royale décèdent également, dont Tiyi, la mère du pharaon.

- Au même moment, la fille aînée d'Akhenaton, Mérytaton, est nommée grande épouse royale. Elle remplace alors peu à peu sa mère en tant qu'incarnation de la jeunesse et de la fécondité dans le culte d'Aton.

- C'est ce moment que Néfertiti disparaît de la sphère publique. Plusieurs hypothèses sont envisagées : elle serait également décédée, se serait retirée au profit de sa fille aînée ou pour des raisons religieuses, ou encore aurait été assimilée à une autre épouse du pharaon et aurait changé de nom.

*Votre avis nous intéresse !
Laissez un commentaire sur le site de votre
librairie en ligne et partagez vos coups de cœur sur
les réseaux sociaux !*

POUR ALLER PLUS LOIN

SOURCES BIBLIOGRAPHIQUES

- BOVOT (Jean-Luc) et ZIEGLER (Christiane), *Art et Archéologie : L'Égypte ancienne*, Paris, La documentation française, coll. « Manuels de l'École du Louvre », 2001.

- FÈVRE (Francis), *Akhenaton et Néfertiti. L'amour et la lumière*, Paris, Hazan, 1998.

- FLETCHER (Joann), *The Search for Nefertiti*, Londres, Hodder & Stoughton, 2004.

- JACQ (Christian), *Néfertiti et Akhénaton*, Paris, Édition Perrin, 2015.

- LABOURY (Dimitri), *Akhénaton*, Paris, Pygmalion, coll. « Les Grands Pharaons », 2010.

- « Toutankhamon : vie, mort et résurrection d'un pharaon », in *Histoire pour tous*, consulté le 9 août 2015. www.histoire-pour-tous.fr/dossiers/85-antiquite/1672

- TYLDESLEY (Joyce), *Nefertiti. Egypt's Sun Queen*, Londres, Penguin, 1999.

- TYLDESLEY (Joyce), « Néfertiti ou Nofretiti, reine d'Égypte », in *Encyclopaedia universalis*, consulté le 9 août 2015. www.universalis.fr/encyclopedie/nefertiti-nofretiti

SOURCES ICONOGRAPHIQUES

- Statue en calcaire peint représentant Néfertiti et Amenhotep IV. La photo reproduite est réputée libre de droits.

- Akhenaton et sa famille accomplissant une offrande à Aton. La photo reproduite est réputée libre de droits.

- Dessin représentant Amon. La photo reproduite est réputée libre de droits.

ADAPTATIONS LITTÉRAIRES

- CHUBB (Mary), *Nefertiti Lived Here*, 1954.

- RACHET (Guy), *Néfertiti*, 1994.

- DRAKE (Nick), *Nefertiti. The Book of the Dead*, 2001.

- VANOYEKE (Violaine), *Néfertiti et Akhénaton*, 2003.

- MESSADIÉ (Gérald), *Orage sur le Nil*, 2004 (3 tomes).

- LANGE (Brenda), *Néfertiti*, 2009.

ISBN ebook : 978-2-8062-7174-7
ISBN papier : 978-2-8062-7175-4
Dépôt légal : D/2015/12603/517
Photo de couverture : *Le buste de la reine egyptienne Nefertiti, circa 1370-1336 av. J -C* © Neues Museum. La photo reproduite est réputée libre de droits

Conception numérique : Primento,
le partenaire numérique des éditeurs